Αίλουρος

Алексей Александров

МОЛЧАЩИЕ СЛЕДЫ

Стихи 2015—2016

Ailuros Publishing
New York
2019

ISBN 978-1-938781-56-8

Редактор Елена Сунцова.
В оформлении обложки и макета использована открытка «Аэро-почта-карта» из коллекции редактора.

Подписано в печать 13 февраля 2019 года.

Silent Footprints
Poems by Aleksey Aleksandrov
Ailuros Publishing, New York, USA
www.elenasuntsova.com

ISBN 978-1-938781-56-8

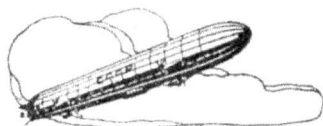

ДЭРО-ПОЧТА-КАРТА

Union postale universelle. -   - Unione postale universale.

Взойди на гору, заберись на тучу,
Отрегулируй боковое зренье,
Открой контейнер для веществ сыпучих,
Почувствуй вкус бессмертия и тленья.

Côté réservé à l'adresse.

x. C·C·C·P

***

Серия внезапных воскрешений,
Улица с хрустальным фонарем,
И стреляют на опереженье
Сигарету, вынырнув вдвоем,

Серые крошащиеся тени
У дверей буксующих домов,
Где часами не встают с сидений,
Голубой выщипывая мох,

Пассажиры, вросшие по пояс
В желатин разбавленный тепла,
Ни о чем уже не беспокоясь,
Не косясь на лунный циферблат —

Дальних стран печальные пейзажи
Им мелькают. Счетчик обнули,
Если кто откинулся и даже
Загорелся в небе, как болид.

***

Недолго музыка молчала,
Вагончик тронулся, и вот
Отчалил поезд от причала,
Как настоящий пароход,

Поплыл сквозь снежные просторы,
Трубя, как слон, скрипя, как стул.
Прости за скучные повторы,
Я буду краток, чтоб уснул

Фонарь, как висельник, болтаясь
На втрое сложенном шнуре,
Чтоб в коридорчике, бодаясь,
Шел пассажир навеселе.

В одном купе — в фольге цыпленок,
В другом — в коробочке салат.
Никто не плачет, и спросонок
Проедут город Ленинград.

* * *

Тень всадника без головы
Покрылась патиной, и хоры
С уроком пенья горловым
Под опрокинутым собором

Впускают ветер погулять.
Проваленная, как экзамен,
Стена великая под стать —
Не ровен час, и бой неравен

Со временем, пора в ремонт,
И паутину с шестеренок,
Как сон с ресниц своих, сотрет
Едва проснувшийся ребенок.

***

Отряд не заметил потери отряда,
Пустая страна у хрустальных гробов —
Кто яблочко съел, напоенное ядом,
Кто в полночь отведал волшебных грибов.

Где семеро смелых на полюсе диком,
Обидев татарина, в тереме спят,
На арфе эоловой им Эвридика
Играет, покрытая шерстью до пят.

Ей зеркальце шепчет, которое в сейфе
Томится без дела в плену ледяном, —
Никто не любуется девичьим селфи.
С полей Елисейских дешевым вином

Тоску запивает, обратно не хочет,
Но песни печальной своей не прервет.
Все знают ее удивительный почерк,
Все помнят ее заводной пулемет.

***

Речные баржи, розовые жабры,
У каждой щуки — волчья голова,
А попади, скатился в лузу шар бы
И стал приплюснут и продолговат.

Как якорь, он цепляется к прохожим,
Торжественную произносит речь,
Не ради денег лезет вон из кожи,
А чтобы в небе огоньки зажечь.

Где мост дугою выгнулся надбровной,
Насвистывая нам полет шмеля,
В реке лежат утопленные бревна
И плавниками тихо шевелят,

Там домиков игрушечное войско
Спускается с откоса, чуть дыша,
И облако натаявшего воска
Наколото на пики камыша.

***

Все вниманье приковано к миске,
И пудовая звякает цепь.
Кто-то носит в кармане ириски,
Но бежит, изменившись в лице.

Это профиль его греко-римский
Понимает молдавская степь,
Он с морковкой в зубах по-корейски
Прикурил от последней кц.

Занавесочка в узком формате.
Угадаешь о чем разговор,
Где томятся, как кильки в томате,

И стакан до крови расколол
Ловкий черт, как чума, на подхвате,
Наследив на снегу восковом.

* * *

В саду деревья пахнут облаками,
Дымится след, похожий на ожог,
Фальшивый лыжник подставляет шею,
Где наизнанку вывернут укус.

Еж до весны лежит, как астронавт,
И ледяные пчелы молчаливы,
Флажок воображаемый вонзив
На карте наступающего дня.

Соседи, превращенные в мышей,
Грызут пакет с незапертою гречкой —
Как будто бражник под чужой броней
Не выжил, но мотор разогревает.

* * *

У зеркала реки дыханье ловит доктор.
Он с удочкой сидит, нахохлившись, во льдах,
Охотником на рыб, но растопи ледок тот —
Молчание внутри и ветер в проводах,

Заряженных частиц толкающий к работе,
С тележкой, полной снов, и карта в рукаве.
Все кажется ему — он до утра свободен,
И длинный нос его в ночи ороговел.

Приходят на прием в одеждах непрозрачных,
Дымящийся стакан, где сахар кусковой,
Пьют медленным глотком и, уходя не срочно,
В открывшийся тоннель ныряют с головой,

Бесполые, как снег, когда он скатан в шарик
И может быть любым, как талая вода,
Пока им лунный блин на сковородке жарят,
И вспоминают день, сгорая от стыда —

Вот облако плывет, плюясь тюленьим жиром,
И небоскреб торчит, как всплывший ледокол,
Над сломанной страной постельного режима
И трущимся в дверях печальным следаком.

* * *

Спит, уронив из рук
Вязальные спицы мачт,
И рыбы играют с клубком
Глубоководной мины.

У каждого мертвеца
Спрятан на дне сундук.
Выпей море из кубка,
Выиграв этот матч

В память о гипсовом парке
У больничной стены.
Зимнее солнце медузы
За облаками юбок.

Теплые, точно сны,
Дни, где прыгает мяч,
Словно стрелка весов
Возле нуля под грузом.

* * *

Космонавта в костюме младенца
Небо держит на привязи зря —
Он не знает, куда ему деться,
Из утробы шагнув корабля.

А верблюда, бегущего степью —
Жуй колючку у лагерных стен, —
Конура с громыхающей цепью
Поджидает в конце перемен.

Где раскинулся рынок блошиный,
Полон разных ненужных вещей,
Время тянется, словно пружина,
И сквозит в приоткрытую щель.

Воды схлынули, воры под носом
Увели, не оставив следа,
Тень двугорбую облако носит,
По наследству тебе передав.

***

Nathalie Nowak

В тихой заводи водятся мертвые утки
И плывут на восток, ухватив за рога
Рыбу с медленной тяжестью в сытом желудке,
Пропуская огонь сквозь худые бока.

Дева гладит живот, как диковинный цитрус,
Чисто выскоблен череп, по горло в воде
Ходят солнце с луною, военную хитрость
Проявляя, чтоб с берега их разглядел

Неприятельский глаз, сауроново око
В белой ладе приора с ружьем напоказ —
Улыбнись, и из форточки вылетит сокол,
И в заглохшем салоне фонарик погас.

На подушках подарок лежит, каменея,
Ветви трещин бегут, осыпается свод.
Даже ветхое слово доедет вернее,
Чем железная эта ладья доплывет.

***

Бумажный ветер Гибаряна,
Поток заряженных частиц,
Сквозь земляничные поляны
Солярис в гости зачастил,

Пошатываясь, словно пьяный
Меж вулканических прыщей,
Где лампочка звезды Полярной
В ответ на наше дыр бул щыл.

Снимай без пуговиц одежду,
Фантом пленительной беды:
На коже шрам от пули нежной,
Иглы заезженной следы.

Кого нам вылепишь из пены,
Птиц оживающих каких,
Желая смерти не мгновенной,
Чтоб бубенец ее затих?

***

Кай из Северной Каролины,
Представитель торговой марки «Инфинити»,
Переспрашивает у секретарши
О какой-то Герде из Гетеборга,
Сидящей с букетиком роз в приемной.

* * *

Кровь свернулась в клубок путеводный,
И звезда над двуглавым орлом —
Как мерцающий пульс нитевидный
Сквозь бетонный тоннель напролом.

Правь на свет, громыхающий сверху,
Под водой остывающий снег
Голубым покрывается мехом,
Сноп колосьев сияет на дне.

Вкривь и вкось это зеркало лечит,
Зачерпни, отраженье вспугнув.
Видишь, облако в шкуре овечьей
Пробирается в крепость Нуф-Нуф.

Там сидит за стеною из веток
Продуваемый ветром насквозь
Узник совести прошлого лета,
Никому не нагаданный гость.

* * *

Утопленник слетается на кашу,
Из проруби вовсю бежит дымок,
Разматывая шерстяной клубок.
И рыболова разбирает кашель

На атомы сидящих за решеткой
Во имя победившего тепла,
Пока зима идет за ним с трещоткой,
Как фокусник с пилой из-за угла.

Наполнив сердца маленькую грелку
Водой, похожей на вчерашний снег,
Ему в уже помытую тарелку
Кусок луны кладет лиловый негр.

Тот, кто вкусил, отращивает хвостик
И подышать всплывает подо льдом,
Забыв спросить из будущего гостью,
Хотя кино снимали не о том:

Когда лежишь ты в ящике, распилен,
Кому твой дом в окошечке горит
И облако полощется на шпиле,
Шипучий размешав гидроперит?

***

Не сумчатая крыса Шапокляк
В ушко пролазит милому дружку,
Луны сережку задевая — звяк,
Сквозь тучи мчась по первому смешку,

Не кенгуру, боксируя с собой,
Вдруг разбивает зеркало судьбы,
Хрустя осколком бабочки слепой,
И ассистенты остужают пыл,

Не тасманийский волк, через загон
Перескочив, сбежал за острова,
Где еле брезжит краденый огонь
И дым стоит тяжелый, как трава, —

Зеленый, плоский, словно материк,
Хлеб плавает в подсоленной воде,
Между собой народы поделив
И воздухом холодным овладев.

***

Зеркало телевизора объясняет, зачем
Мы на свете всех прекрасней и милее,
Со встроенным механизмом,
Скрывающим нас от самих себя,
Когда на поверхности рябь и волны.

Главное, не увлекаться и время от времени
Колоть себя в ногу
Заранее приготовленной булавкой.
Иначе и в самом деле можно поверить,
Что ты — это тот, кто сидит в пруду.

***

Отходчивых, но невеселых
Не клуб, а новый колумбарий.
Прах к праху — кладбище затей.

Шуруй, стальная землеройка, —
Великое дает смешному
Шанс отыграться перед бурей.

По плану здесь должна быть клумба,
Нет времени на размышленья
О легкости небытия —

До основанья, а затем
На самом неудобном месте
Построят скверный анекдот

И бабу из кирпичной глины
С известным символом в руке
Поставят сторожить живое.

***

В чужой вмешался разговор,
Просеяв через решето,
Над нами небо расколол...
Дождь начинается, и что —

Играет тушь, дома плывут,
Кровь проступает сквозь кирпич.
В течение пяти минут,
Успев ненужное отстричь,

Он в победившей темноте
Со скрипом двери открывал,
Где дым идет от мокрых тел,
Сгущаясь в мысли и слова.

Он на автобусе верхом
Вдруг вынырнул из облаков,
Не пощадил Иерихон,
Но чем-то рассердил богов.

Его поймали, и в мешок
Двора, глубокого, как сон,
Перед посадкою — кружок,
И будет с нежностью казнен.

***

Там вскопанной пахнет землей —
Зимой поселившись на даче,
То нижних соседей зальет,
То мячиком по полу скачет

Под жаркою шубою сельдь,
А в небе над детской кроваткой
Уже нарисована сеть
Закатного облака ваткой,

И капает медленный йод,
Стеклянную реку расплавив.
К весне доживая свое,
Готовится встретить хозяев,

Забыв, где лежали ключи,
В поклоне почтительно низком
Там хриплая птица кричит
И дверь отворяется с визгом.

***

Ничего не осталось в заначке,
Лишь мешочек волшебных бобов.
Великанов в балетные пачки
Одевают, умастив богов.

На летающий остров Лапута
Отправляется ночью экспресс.
Съешь еще этой кашки — не буду, —
Возвращайся в свой сказочный лес,

Если вырастешь, станешь счастливым,
Говорящего купишь коня
С миротворческой веткой оливы,
Летом в группе продленного дня

Лебединое озеро с пленкой,
Нефтяной потревожили слой,
И гармоника плачет ребенком —
Это только локальный эксплойт.

***

Из облака сыплются комары,
Включая поющие ужас сверла
Над садом, где медленный клад зарыт
В пуховую землю и в сон завернут.

Из дырочек в небе течет вода,
Которой уже не нужны драконы,
Фонтаны на площади, города,
И занят аквариум заоконный

Отрядами мастеровитых рыб
С двуцветной змеей на железных перьях —
Все это шевелится, говорит,
Оставшись за плотно закрытой дверью,

Когда уже вкручивают шуруп
Крестовой отверткой с печальным хрустом,
И ржавой сирени волна в жару
Застыла пред зеркальцем многоустым.

* * *

Крыльцо подметающий лисьим хвостом
Ушел по грибы с чемоданом в обнимку —
Огни золотые, в окне холостом
Всплывет, вытрясая из уха дробинку,

И снова нырнет в непотухший экран,
Где тени по берегу сонному мчатся,
Как будто не кончилась эта игра.
За круглым столом, как твои домочадцы,

Там стрелки застыли, кудахчет сирень,
Висят на прищепках промокшие песни.
Прозрачной рукой помахать бы, да лень,
И больше никто никогда не воскреснет.

***

Яд в цветке убаюкивает пчелу,
Хищная речка выманивает пловцов
На середину, задумчиво глядя в небо.

Деревья ловят зазевавшихся птиц
В похожие на гнезда корзины.
Город лакомится мостом.

Рыбак пытается вырваться,
Но щука сильнее и не уступит.
Трава, обхватив морду лошади,
Переваривает ее сны.

Облака, скомканные, как салфетки,
Дачи, брошенные до выходных.
Голоса детей, словно шары
Одуванчика перед порывом ветра.

***

Со связкой ключей от забытых дверей,
Игрушечной саблей о шпоры задев,
И ты бы не отдал ни пяди своей
Земли, в безымянной лежа пустоте.

Расступятся, мертвого света глотнув, —
И, лязганье слыша стальных гусениц,
Пойдем погулять по ж/д полотну,
Нам в детстве крутили кино без границ...

Но счистил с подошв, отряхнул ее прах,
Бесстрашно стучась в приоткрытый портал
У пыльного неба в бездымных клубах,
Сердясь, будто бабочку ты растоптал.

***

Город из целого сделан гранита,
Улицы, двери и окна прогрыз
Червь в нем заведшийся, вышел сквозь плиты,
Бабочкой стал оглянувшийся вниз.

Хлынули волны тягучего света,
То, что осталось от стен, облизав,
И убежали туда, где по следу
Ищет свое первородство Исав.

В поле шатры, как светящихся рыбин
Шкура, и в щель утекает песок,
Словно душа из случайных царапин
Лишь потому, что закончился срок.

Холод из ценного зверя пушного,
Снег из стекла и огонь изо льда,
Солнце зайдет, и покажется снова
Камень, как только отступит вода.

***

Рыба прыгает в обруч тоски,
Где проходит всеобуч тресковых,
Разрубая себя на куски
Лишь движением пальцев рисковых
Перепончатых. Переперчён,
Свет дымится, как суп по тарелкам,
И за спинами фильм ни о чем
В колесе пробегающим белкам.

Остановится день по свистку,
И в обратную сторону войско —
Куст дрожит, покрывало соткут
И отбросят с улыбкою скользкой,
Обрастает чешуйками льда
Кость, обглоданный плод возвращая
В райский сад, где не знают труда
И на входе — семейство с вещами
По горящей путевке. Вокруг
Тишина. Словно в облачном креме,
Спит луна. И, нарушив игру,
Врет прибор, отмеряющий время.

***

Дирижабль пасется на минном поле
И на ровном месте летит с копыт.
Проезжает мимо на мирном пони
Человек, который вчера убит,

А сегодня выжил, уйдя из круга
Карусельных, сладких, как сон, огней, —
У него за стружкою из-под плуга
Лезет тьма кудрявая трудодней.

Окружает вольницу жабье войско,
В города играет начальник вод.
Дирижер пижаму надел в полоску,
Как заправский сталинский коневод,

Он во рту катает рогатый шарик,
Держит сокола, громко читает вслух,
Как нельзя бездействовать на пожаре,
Доверяя девушке и веслу.

***

На домик надели чехол шерстяной,
Июньское небо темней, чем вода,
Стоит за сплошной камышовой стеной,
Разбухшее, как отпускной чемодан.

Вот пряничный мальчик, спускаясь с горы,
Рассыпался, выкипел чайник реки,
И цапля, поджавшая ногу, сгорит,
Но терпит. И облака черновики

Разбросаны после тяжелого дня.
И лунный пейзаж на другой стороне
Ворчит, задыхаясь в холодных огнях, —
Никак не согреется в душной броне.

***

Медведь с клешней вратарскою в хоккей
Ушел играть, когда через ворота
На джипе в город въехал саддукей
И превратил в цветущее болото,

О чем сосед играет на трубе,
Чехля кларнет, потратив все пистоны
И медсестре в приемной нагрубив, —
Но он уже за это арестован.

Забрали телевизор и рояль.
В кустах стрекочут тучи жесткокрылых,
И там, где раньше стол его стоял,
По всем приметам облаком накрыло.

Когда забьют, зажжется красный свет,
Усиленный наряд не помешал бы —
Они вернутся через много лет,
Неся в мешке отыгранные шайбы.

***

Чем выше, тем вода становится прозрачней,
В ней плавают планет надутые шары,
Светящийся планктон, цветок в петлице фрачной
И облачный пломбир, увядший от жары.

Чем ниже, тем огонь играет тяжелее,
Запутавшись в ногах деревьев и собак,
И ложечку луны, когда к утру созреет,
Из теплого желе не выдернуть никак.

Чем ближе, тем земля, заросшая осокой,
Развалится скорей в кипящей темноте,
Где, с кожей сняв мундир, на ветерке обсохнув,
Змеиный царь бежит средь лягушачьих тел.

***

Лестниц, брошенных на гравий,
Путь уже не так далек —
Капли спелых виноградин,
Горсть рассыпанных дорог,

В поле свежей занавеской
Отгорожен остров Кремль,
И натягивает леску,
Не касаясь этих клемм,

Проводник, в чей подстаканник
Бьется ложечка, звеня,
Как цепочкой зверь в капкане,
С колокольчиком свинья

Под дугою, к лампе муха
Пробирается, кружа —
В комсомольском царстве духа
Ласковая госпожа

Там, где в полосе прибоя
Выползает ржавый краб,
Стрелку на шкале прибора
Задремавшего украв.

* * *

Плюшевый зверь, не теряющий формы,
В небе безлюдном повешен на гвоздь —
Словно среди приглашенных на форум
В первом ряду неожиданный гость,

Воздух остывший, монтажная пена
У гастарбайтера с ангельских губ.
Гнев, о богиня, и клекот напевный,
Будто вскипает вода на бегу,

Сопровождают его погруженье
В бездну безмолвия, в чан с кислотой —
С Малой Медведицей скоро поженят
Под восходящей луной золотой,

Если порвется петля или сам он
Скинет халат, обнажая бока
В стружке, что как завиток круассана,
Блеском величия равный богам.

Рифмы

Влажные салфетки, хлеб и конфетки,
Шляпка мухомора из детского набора,
Запрещенные ярмарки, польские яблоки,
Ехали медведи, статья из Википедии.

С новым урожаем, нефть подорожает,
Летят гуси-лебеди, к Великой Победе,
Братской любви, по локоть в крови,
Тяжелые веки, молочные реки.

* * *

Важнейшим из кино является не цирк
С постиранным трико, но дышит парусами
В нем облако огня, где ночью кузнецы
Счастливый, как билет, единый, как экзамен
Сдают в аренду мир, где с птичьей головой
Стоит над тишиной взобравшийся на мостик,
На жердочке висит, и двести двадцать вольт
Вращают небеса, ныть заставляя кости.

Зима уже в пути, за пазухой держа
Сапфир, набухший сном. У входа зазывалы,
Под звуки вувузел взлетает дирижабль,
И уникорн мычит под мшистым покрывалом.
Гимнастику вдвоем, а после барбекю
В то время, как корабль, меж туч окаменевших
Лавируя во тьме, застынет на бегу —
И якорная цепь как хобот у Ганеши.

***

Вылупляется демон из шерсти
И дымится, как гильза у ног.
Вот Сенкевича мир путешествий
Покататься на лодке увлек —

Не заметил, как вынырнул возле
Пирамиды, но только внутри.
Это файлы качающий ослик
При загрузке с портами мудрит.

Не бывает другого проклятья,
Только мутная, словно река,
Там, где камень, завернутый в платье,
Ест обманутый им великан,

Жизнь животных, подобие клуба,
Шевеленье полночных кустов
И целующий статую в губы
Николай Николаич Дроздов.

Можно выключить оба канала,
Переплыть океан на плоту,
Мыс Канаверал из Байконура
На экране отыщет летун,

Приводняется с важною вестью
И, едва получает кредит,
Убегает на встречу к невесте,
Что в серебряной клетке сидит.

***

Выгрызает в воздухе нору
Птица саблезубая с рогами,
Меж которых светится корунд —
Красный яхонт, драгоценный камень.

Вывернула шубу чешуей
Рыба внутрь и падает на землю,
Где траву забвения жует
Возле стен монастыря Ансельма.

Бык стоит в расплавленной реке
С песьеглавцем из дырявой лодки,
Наблюдая за игрой в крокет
Человечков, запертых в колодки.

Сбрасывает дерево плоды,
Жрица входит в облако из чаши
Озера, зубря свою латынь
До подробных искорок мельчайших.

Лишь змея, надвинув капюшон,
Бегает, не торопясь, по кругу
В опустевшем здании большом
Под молчанье звонкое, как ругань.

* * *

Во рту растут искусственные зубы,
Слова под одеялом языка
Всю ночь не спят, и год идет на убыль
Средь убеленных инеем зеркал.

Орфей щетину трогает, цикады
В будильнике, скелет стоит в шкафу,
Как роза, рассыпаясь на цитаты,
Не приближаясь к смерти ни на фут.

Во льду лежат со вкусом земляники
Обмылки настоящего вина.
Ромашки спрятав, лютики поникли,
И этим миром правит скандинав

С чужой клюкой и шарфиком на горле
Реки, что помнит косточку моста,
Когда в ней камень искупался голым,
А мясо съел голодный комсостав.

Вот ртутный шарик, скатываясь в желоб,
Разматывает дождевую нить,
Как будто возвращает взгляд тяжелый
Той, с кем нельзя ему заговорить.

* * *

Вольный каменщик влился в бригаду,
Сотня бабочек, разом вспорхнув,
Покидает внезапно регату,
О которой молчит стеклодув.

Пробежавшая трещина терпит
Под напором воды и песка
Час похмельный, скрывающий трепет, —
Не развяжет в ночи пояска.

Горстка пепла на простыни, синий
Неба выпит граненый стакан,
И последние фрукты в корзине
Ветер смёл, словно пыль с верстака,

Подготовив рабочее место.
Где-то штопает дождь не спеша,
Под трубу полевого оркестра
Подставляя неполный ушат.

Перепачканы кровью запчасти,
Свод темнеет, ложится кирпич —
Вот и ты к ремеслу приобщайся,
Чтобы тайные смыслы постичь.

* * *

Лес не видит своих берегов,
Но выходит во внутренний дворик,
Дирижируя палочкой, Кох,
Словно школьник, наевшийся двоек.

Птица вынырнет, снег угадав,
И под носом у клятой собаки
По-английски кричит «никогда»
Копошащимся в этой клоаке.

Не подводит начальства боец
В белой шапочке для омовений,
Провода замыкая сердец
На одно из прекрасных мгновений.

Фотик щелкает, точно замок
На пути заблудившихся сосен —
Человеческий жалкий мирок
Для него суетлив и несносен.

Человек из Иллинойса

Человек из Иллинойса
Пьет коралловую воду, читает газету,
Которую печатают только для него —
Ее почтальон опускает в ящик медленно,
Двумя пальцами, чтобы он видел.

Когда двойники президентов
В построенном за ночь городе
Встречаются, чтобы обсудить
С актерами, как прошел кастинг,
И шпионские спутники
Сообщают, где зарыты
Драгоценности его бывшей,

Он вдруг встает из-за стола,
Хлопает себя ладонью по лбу,
Убивая электронного комара,
Жужжащего в другой реальности,
И наслаждается их замешательством,
Улыбаясь.

***

По нетопленной тундре — в открытую дверь,
Разбегаясь, летит в инвалидной коляске,
Объясняя дорогу притихшей братве,
Но не слышно ни слова в стремительной тряске,

Предводитель дворянства, податель сего
Вишлиста, где отмечено то, что имеем.
И лежит, не моргая, в коробке Суок,
Наблюдая созвездья времен Птолемея.

Всяк по-своему к бунту готовится здесь,
Ключик прячет, в потемках садится вслепую.
Раздели и умножь, дважды тщательно взвесь,
Напиши на стене и используй любую

Краску, кисточку беличью, школьный мелок,
Где прищурясь стоит у таблиц окулиста
Обладатель диплома, забывший урок,
Открывающий заново берег скалистый,

Кто наследство потратил, пропил, прокутил,
Сослан был, возвратился, читая по сноске
О законах движенья небесных светил
В теплом облаке мимо камней философских.

***

Меха кузнечные не выпекают звуки,
Но колокольчик вздрагивает там,
И клавиш пишмашинки западает,
И в плясовую улица идет.

Забор покрашенный все щупает дыру,
Где досочка на гвоздике болталась —
Рвет в лоскуты штанину, и земля
Из туфельки просыпалась уплывшей.

Дракон горы готовится ко сну.
Он надышал себе железных соловьев,
Деревню сжег бы, да остыл к разбою,
Два самовара трехведёрных выпив.

* * *

Экскурсанты вышли из музея,
Звезды лейтенантские обмыв,
На ходу трагически лысея,
Растворившись в воздухе, как миф.

Их начальник проглотил указку,
Выпил море, отпустил чижа
В торопливом небе над Луганском,
Словно снег на кончике ножа —

Там к рассвету конная бригада
Завершает начатый ремонт,
Постелив под спину ипликатор,
Как велел святой Пантелеймон,

Гости едут в лодочке смоленой
И веслом мешают молоко
У цветущей на горе маслины
С перебитым шейным позвонком, —

Говорит им правильные вещи
Перед тем, как в облако войти,
Выпав из истории новейшей,
Сосчитав в уме до тридцати.

***

Во все воронье гоэлро
Накаркали, и выпал снег,
Как у дешевого мерло.
И небу снится, покраснев,

Что сквозь зеленое стекло
Из обесточенных осин
Выходят тени на поклон
И убегают в магазин,

Когда полночный светофор,
Сморгнув замерзшую слезу,
Увидит в воздухе топор,
Где из него сварили суп.

Какие перья и огни
Мечтателю в густом дыму? —
Через дорогу мне махни,
Пройду и глаз не подниму.

***

Река закрыта на ремонт,
На тысячу замков любовных,
И солнца выжатый лимон —
Всего лишь виджет телефона.

Обломок каменной стрелы,
Кусочек ангельского гнева.
Там брызжет кровь из-под пилы,
Как искры старого огнива.

Из нефильтрованной Суры
Флотилия выходит уток,
Где ключ единственный зарыт
И птичий тяготит желудок.

Везде есть маленькая дверь,
Портал, недействующий в полдень —
Нажать на кнопочку доверь
И притворись, что ты свободен.

***

Тишина стеклянная в допросной,
Стынет дождь серебряный из пуль.
Клюнет рыба и на эти блесны —
Сохрани, скопируй, зазипуй.

С каждой лески рвется колокольчик,
Но его лишили языка
Там, где пена облака клокочет
По краям кипящим озерка.

Вор бежит, как слюнка золотая,
Протоптав дорожку не свою,
Брешь найдут и стену залатают,
Звук починят, гнездышко совьют.

***

В Йошкар-Оле раскрыли пестрый зонтик
Над тем, кто вел себя нехорошо,
Больные там заглатывают зондик
И для прикормки — белый порошок.

В Лукойле деньги сонные томятся,
Им, в трубочку потягивая нефть,
Несут на завтрак золотые яйца
С аукциона и другую снедь.

Лапландцам тоже пенсию простили,
У рыб сегодня праздничный обед,
И можно долго рассуждать о стиле
Среди никем не узнанных в толпе.

Дождь — это клейстер для твоей афиши.
Концерт, который сразу отменен.
Пойдем и дымом радостно подышим,
Пока не починили связь времен.

***

Огни горят, готовится еда,
Пейзаж застыл, как будто порван пассик
И ленту зажевало навсегда,
Путь замело, заело ручку в кассе.

Нет смысла дергать, жди себе спецов,
Чужих детей экзаменуй на случай
Прихода утром голубых песцов...
Гиперболоид испускает лучик,

Свободу дарит, золото крадет.
На лыжах мимо окон едут птицы
И крошки хлеба в мыльной бороде
Клюют у солнца, чтобы убедиться —

Через ручей, где был построен мост,
К дорожным знакам был добавлен крестик,
Переберется как-нибудь само,
Используя подсказки в этом квесте.

***

Младенцев записали в полк
По результатам их УЗИ.
Там ангела целует волк
В бочок, как будто укусив,

Снег марширует за окном,
Луны дырявый барабан
Погреться не пускает в дом,
В баллоне плещется пропан.

И перед строем никого,
Кто должен принимать салют,
Кивая птичьей головой,
Обутой в шапочку свою,

Чтоб не мешал зеленый свет,
Струящийся, как та вода,
Кипящей музыке побед
Из кубка литься мимо рта.

* * *

Снег падает, и все спешит подставить
Ему плечо. Становится крылом
Любая ветка, напрягая память
Затекших мышц. И дверью хлопнув, дом
Чуть сгорбился под грузом снов на самом
Последнем незаметном этаже,
Где ангелы с орлиными носами
Проснулись и раскаркались уже.

Вот выбежали с сумками во дворик,
Кто на две трети из простой воды,
И под припев Макферрина don't worry
Счастливей стали. Облака волдырь
Сейчас прорвется, к выпавшим добавив
Осадкам что-то вроде конфетти,
И меч реки, и боль в груди тупая —
Как будто льдинка рану бередит.

***

Эсэмэску эскимоске
Отправляет эскулап,
Откопавший в нашем мозге
Шар величиной с кулак,

В день, когда, под мост ныряя,
Чкалов светится, как гриб,
Километры обнуляет
И сбивает корабли

Посреди дороги торной
Там, где царский эфиоп
С пионерским смотрит порно
Фильм горячий, как сугроб,

Розгу вымочив в холодном
Море, полном до краев
Рыбы до смерти голодной
На признание твое.

Льда и снега просит больше,
Говорит, душа моя,
Поскорей объем освой же...
За лесами, за моря-

Ми-ми-ми, комэск упрямый,
Он давно махнул крылом,
Из воздушной выпав ямы,
Сокрушаясь о былом.

***

Жилец уехал, мебель отмерла.
Пчела в часах затачивает шильце,
Картонных цифр размазав мармелад —
Никак уйти из круга не решится.

Там, что ни день, гуляют за стеной,
Гвоздь забивают костью доминошной.
Когда совсем становится темно,
На шаг назад их передвинуть можно,

Салфеткой влажной лишнее стереть,
Луну зажечь и вид во двор закрасить,
Где жабры раздувающий стервец
Зовет давно уснувших одноклассниц

За барабанной ширмою, плавник
Трепещет словно сморщенные флаги,
И в скважину замочную проник
По капле вождь в стеклянном саркофаге.

Там потолок, похожий на дуршлаг,
Радушный снег, куда свинцовый мячик
Упрыгал в гости, точно пастор Шлаг —
Туда, где сумрак заоконный мягче.

***

Бескрылые ангелы бьются, как рыбы,
И сахар морской на остывшей губе,
И снег — как птенец из гнезда, но не выпал,
И воздух, меж стекол попав, закипел.

Гуляют по берегу сытые чайки,
У облака месяц надет набекрень.
И небо со льдом в опрокинутой чарке —
На пару часов позабыть про мигрень.

Найдут и сожрут ли их утром собаки,
Оставив в песке чешую и перо,
Где водоросли, как остаток заварки,
Волной отнесет на пустой Апшерон?

В зрачке золотом отражается слово,
В серебряной ложечке выдох согрет.
Играет негромко прибой на басовой
Струне, предварительно выключив свет.

***

Прервать бы праздник, но нельзя —
Хлопочет у котла Медея.
Бессмысленный, как два ферзя,
Союз героя и злодея.

С двухтысячных, краснея, врет
Сыр со слезой, снежинка в горле.
Куда мы движемся? Вперед,
Но заготавливаем колья,

Пьем серебро, мелком квадрат
Рисуем, на который встанут
Князь и дружина. Из-под лат
Сочится облака сметана,

И скоро потечет лицо,
И ноги, выбив не чечетку,
Вдруг наливаются свинцом
И тень откидывает челку,

Приветствуя тебя, на смерть
Шагая так, что на параде
Возьми линейку и измерь,
Хотя бы будущего ради.

* * *

Мало кто знает,
Что у Лебединого озера
В 91-м был эфиопский спонсор,
Но уже ничего нельзя было изменить —
Всех колдунов в Аддис-Абебе
Перестрелял негус,
У которого выросла красная борода,
А Зигфрид с Одеттою утонули.

Мало кто помнит,
Что в соседнем Зимбабве
Поздней весной
Орден Октябрьской революции
Можно было купить за ведро патронов.
Зато в каждом учебнике есть абзац
Про трясущиеся руки и Форос.

Мало кто верит,
Что во всем виноваты авиаконструкторы из Самары.
Это большой вопрос, что бы произошло,
Но наши старались как можно медленнее.
А все чертов Ротбарт —
Заморочил голову Менгисте Хайле Мариам
И подсунул ему вместо принцессы Одиллию,
А поставки оружия прекратил.

Там, где сегодня ржавеет лайнер,
В радиусе ста пятидесяти метров
Не растет трава,
И птицы облетают это место,
Стараясь не смотреть
На его унылую лебединую шею.
Мало кто говорит об этом,
Но подарок успел вовремя,
Иначе в санаториях Эфиопии
И сейчас бы отдыхали
Советские доярки и спортсмены.

***

Погода шепчет, чуть ли не кричит.
Кто на ходу садится в аэробус,
Тот держит руку над огнем свечи,
Другою поворачивая глобус.

Пассионарий в праздничном пальто
Летит на свист и замирает после.
Идет, шатаясь, Агния Барто
И говорит рожденному — не ползай,

Не то по локоть лапу оторвут,
Вот, объясняет, мяч не тонет в речке,
И ты не долго оставайся тут,
От ветра заслоняя пламя свечки.

Кудахчет небо, блеют облака,
И по кусочкам склеенная чаша
Тому, кто вышел погулять, легка,
И луч звезды над ним наилегчайший.

***

Гнездится каменный глухарь,
Медвежьим жиром смазав петли,
Дает прохожим петуха.
И распускается, помедлив,

Луна средь нефтяных озер,
Где из ночного магазина
Поехал и седло натер
Забывший поменять резину.

Плечо больное теребя,
Под утро будят и куда-то
Футболят засветло тебя
К неясытям не бородатым

В Бурятии, где тот танкист,
Картонной азбуке обучен,
Летит на молодецкий свист
Джузеппе сизого, как туча,

В бездонных стонет погребах
От жажды демон анонимный
В броне из медных черепах
И с шапочкой противоминной.

Снег, как перо пуховика,
Наружу лезет сквозь подкладку,
Дымится под мостом река,
И пахнет из-под крышки сладко.

***

Слова растут в горшочках и под пленкой,
А музыку придумывают сами.
Когда с водою выплеснут ребенка,
Он поплывет в реке под парусами.

Летит Протей, изменчивый, как пена,
Следы зверей молчат, как партизаны,
Стучится в дверь царевич убиенный,
Оттаяв от улыбки лучезарной.

Взойди на гору, заберись на тучу,
Отрегулируй боковое зренье,
Открой контейнер для веществ сыпучих,
Почувствуй вкус бессмертия и тленья.

***

Крестьяне с птиц берут пример,
И преуспевшие несут
В день по четырнадцать яиц,
Сдают на вес перо, гуано.

Пенсионер с шестом на крыше
Гоняет стаю над домами.
Рабочий тащит пулемет
С опять гудящего завода.

В природе слышно шевеленье,
Хрустальный звук — как будто люстру
Качнул проехавший КамАЗ
Или орел державный клюнул
Вертлявый череп звездочета.

***

За птичкой следом вьется рой чудес,
И порошок сверкающий за ними —
Где лес стоял, там снова встанет лес,
Там безымянный обретает имя,

Хотя бы кличку, подпись в соцсетях,
Отметку «был», неважно, с кем и сколько.
На древке ветром шевелится стяг,
И на губах от поцелуя горько.

В балетных пачках танец до утра,
Порхают все, с рутрекера пираты
Качают фильм, и мантия ядра
Величественна, словно император.

Но будто спичку поднесли к стеклу,
А за окном давно стоит уродец,
И мир опять провалится во мглу,
Как то ведро, упавшее в колодец.

***

Сходят с поезда жнецы,
На вокзале ждет носильщик.
Купол серый, но не цирк.
У Пиноккио — носище.

На земле и на воде,
Равный нашим эмчеэсам,
Вырастает новодел
За каким-то интересом.

Звезды светят, но не так,
Чтобы мрак казался реже
В вихре яростных атак
Там, где снег летает свежий

Над нетоптанным жнивьем
И кружит подбитый меркель —
Будут брать его живьем
Два бойца и гангстер мелкий.

А в подвале потайном
Вдалеке от лютой стужи
Кольцами обвивший дом
Спит простой советский ужик.

***

Когда ты станешь чем-нибудь еще,
Корабль воздушный вздрогнет на мгновенье —
Морковный сок, отхлынувший от щек,
В глухой цепи мерцающие звенья.

Стоят деревья, распушив листву,
Соря словами, тающими сразу.
Когда тебя домой не позовут
Два утонувших в полночь водолаза,

Ты будешь тем, что вечером забыл.
Дым, отвердев, притягивает запах —
Не мотылек, но баловень судьбы
У вечности в ее железных лапах.

СОДЕРЖАНИЕ

www.ingramcontent.com/pod-product-compliance
Lightning Source LLC
Chambersburg PA
CBHW071848020426
42331CB00007B/1909